Lothar Fietkau

Dekorativer Weihnachtsschmuck

Kugeln, Sterne & Co.

CHRISTOPHORUS

BRUNNEN-REIHE

SEIT MEHR ALS 30 JAHREN STEHT DER NAME „CHRISTOPHORUS" FÜR KREATIVES UND KÜNSTLERISCHES GESTALTEN IN FREIZEIT UND BERUF. GENAUSO WIE DIESER BAND DER BRUNNEN-REIHE IST JEDES CHRISTOPHORUS-BUCH MIT VIEL SORGFALT ERARBEITET: DAMIT SIE SPASS UND ERFOLG BEIM GESTALTEN HABEN – UND FREUDE AN SCHÖNEN ERGEBNISSEN.

© 1996 Christophorus-Verlag GmbH
Freiburg im Breisgau

Alle Rechte vorbehalten –
Printed in Germany

ISBN 3-419-55831-7

Jede gewerbliche Nutzung der Arbeiten und Entwürfe ist nur mit Genehmigung des Urhebers und des Verlages gestattet. Bei Anwendung im Unterricht und in Kursen ist auf diesen Band der Brunnen-Reihe hinzuweisen.

Styling und Fotos: Peter Nielsen, Umkirch
Reinzeichnungen: Lothar Fietkau
Umschlaggestaltung: Network!, München
Produktion: Print Production, Umkirch
Druck: Freiburger Graphische Betriebe, 1996

CHRISTOPHORUS
BÜCHER MIT IDEEN

Inhalt

3 DEKORATIVER WEIHNACHTSSCHMUCK
4 MATERIAL UND HILFSMITTEL
4 KUGELN
4 FARBEN
4 PINSEL
5 MALTECHNIKEN

5 ÜBERTRAGEN DER MOTIVE
5 TUPFTECHNIK FÜR TANNEN
5 TUPFTECHNIK FÜR LAUBBÄUME

7 BUNTE WEIHNACHTSKUGEL
8 SCHNEEMÄNNER
10 SONNE, MOND UND STERNE
12 HERZ UND SCHAUKELPFERD
14 WINTERWALD UND GLOCKE
16 TANNENBAUM UND KUGEL IN GRÜNLILA
18 WEIHNACHTSKUGELN MIT SCHRIFT
20 WEIHNACHTSPÄCKCHEN UND STERN
22 FARBENFROHE WEIHNACHTSKUGEL
24 WEIHNACHTSSTERN UND KERZEN
26 STECKKUGELN „EISKRISTALLE"
28 GESCHENKIDEE: VIER JAHRESZEITEN

Dekorativer Weihnachtsschmuck

Mit diesem Brunnen-Band möchte ich Ihnen meine Freude am Malen vermitteln, besonders beim Bemalen von dekorativen Weihnachtskugeln.

Als Künstler reizte mich vor allem dieser etwas andere Maluntergrund zur Verwirklichung meiner Motive.

Weihnachtskugeln oder Christbaumschmuck sind uns allen gut bekannt. Aber die schönen Kugeln finden auch als weihnachtlicher Raum- und Fensterschmuck immer mehr Liebhaber und Sammler.

Damit das Bemalen der Kugeln oder Sternformen auch sicher gelingt, ist im Einleitungsteil die Maltechnik Schritt für Schritt ausführlich erklärt.

Natürlich können Sie die Motive auf der Rückseite der Kugeln weiterführen oder eigene Ideen und Details verwirklichen. Sie müssen sich nicht unbedingt an meine Farbvorschläge halten, sondern sollten sogar individuell die Farben wählen. Holen Sie sich nun mit diesen Winter- und Weihnachtsmotiven die festliche Atmosphäre und Winterstimmung ins Haus. Mit einiger Übung ist es für den Hobbymaler oder selbst für den Anfänger nicht schwer, diese Kugeln zu bemalen.

Ich wünsche Ihnen nun viel Spaß

Ihr

Material und Hilfsmittel

Im Überblick

◆ teilbare Kunst-
stoffkugeln oder
andere Formen

◆ mundgeblasene
Glaskugeln

◆ feine Rundpinsel
(Rotmarderhaar-
oder Toraypinsel)

◆ flache Haarpinsel
(Rindshaar- oder
Toraypinsel)

◆ flache Borsten-
pinsel

◆ Kopierpapier

◆ Transparent-
papier

Kugeln

Teilbare Kunststoffkugeln oder -formen und mundgeblasene Glaskugeln sind in jedem gut sortierten Hobbygeschäft erhältlich. Die Kugeln können entweder klar bleiben oder zum Teil bzw. ganz grundiert werden.
Bei den teilbaren Kugeln werden die beiden Hälften verklebt, damit sie später nicht aufgehen können. Es sei denn, man möchte in der Kugel etwas verschenken. In diesem Fall läßt man die Kugel transparent oder bemalt nur die Hälfte und verklebt sie nicht.
Zum besseren Festhalten der Kunststoffkugeln gibt es im Handel Adapter, um die Kugel als Gartenkugel benutzen zu können. Diese lassen sich optimal als Halterung verwenden.
Vor dem eigentlichen Bemalen sollte die Kugel zunächst mit weißer Farbe grundiert werden. Dadurch decken die anschließend aufgetragenen Farben besser auf dem Kunststoff.

Farben

Alle hier vorgestellten Kugeln wurden mit Hobbyline-Mattfarbe von C. Kreul bemalt. Aber auch mit Glanzlack und Metallicfarben lassen sich schöne Effekte erzielen. Die Farben lassen sich gut mischen und sind wasserverdünnbar. Sie sind zum Aquarellieren oder pastos Auftupfen geeignet.

Pinsel

Mit Rotmarder- oder Toraypinseln in runder Form werden feine Linien oder Details gemalt. Zum Grundieren und für den Hintergrundverlauf eignen sich flache Haarpinsel (Rindshaar oder

4

Maltechniken

Toray). Auch der Tannenbaum läßt sich gut mit dem Flachpinsel tupfen. Für die Laubbäume und den Schnee sollten flache Borstenpinsel verwendet werden.
Die Pinsel werden mit Wasser gereinigt.

Übertragen der Motive

Die Motive mit Transparentpapier vom Vorlagenbogen übertragen und ausschneiden.
Nach dem Grundieren und dem Anlegen des Hintergrundes klebt man die Vorlage an den Seiten mit Kreppband auf der Kugel oder Form fest.
Weißes oder gelbes Kopierpapier zwischen die Vorlage und die Kugel schieben und das Motiv durchzeichnen. Damit sich die Vorlage besser an die Kugelform anpaßt, wird die Vorlage seitlich mehrfach eingeschnitten.

Tupftechnik für Tannen

Mit dem Flachpinsel zwei Farben aufnehmen. Bei den winterlichen Tannen mit Weiß und Russischgrün zuerst die Spitze senkrecht auftupfen. Den Pinsel wenden und die Tanne von oben nach unten ausarbeiten, dabei die weiße Farbe nur auf einer Seite auftragen.

Tupftechnik für Laubbäume

Mit dem Borstenpinsel die dunklere Farbe mit wenig Farbe am Pinsel in Baumform auftupfen. Eine hellere Farbe aufnehmen und zunächst ein wenig auf ein Stück Papier tupfen, dann die helleren Stellen des Baumes auftupfen.

(Siehe Beispiele auf Seite 6.)

- ◆ Kreidestift, weiß
- ◆ wasserfester Filzstift
- ◆ Acrylfarben, z.B. Hobbyline - Mattfarben
- ◆ Wasserglas
- ◆ Palette
- ◆ Lappen
- ◆ Fön
- ◆ Kreppband
- ◆ Adapter
- ◆ Klebstoff
- ◆ Schere
- ◆ Klarlack

Bunte
Weihnachtskugel

① Die teilbare Kugel mit weißer Farbe grundieren.

② Teile der Flächen in Ultramarin, Krapplack, Lila und Türkis mit einem Borstenpinsel und wenig Farbe auftupfen.

③ Zum Schluß mit der goldenen Farbe einzelne Flächen auftupfen und nach dem Trocknen mit Klarlack überziehen.

Material
teilbare Kunststoffkugel
Farben:
Ultramarin,
Krapplack, Lila,
Türkis, Gold

Hilfsmittel
◆ Borstenpinsel
◆ Klarlack

Vorlage B

Schneemänner

Material

Kugel

◆ **Glaskugel in Blau oder Kunststoffkugel**

◆ **Farben: Weiß, Russischgrün, Schwarz, Rot, evtl. Blau**

Vorlage A

Material

Schneemann

◆ **Schneemannform**

◆ **Farben: Weiß, Rot, Hellblau, Schwarz**

Hilfsmittel

◆ **Klarlack**

Kugel

❶ Alternativ zur Glaskugel eine Kunststoffkugel in Hellblau und Weiß mit einem sanften Farbübergang grundieren.

❷ Motiv auf die Kugel übertragen. Die Schneeflächen malen. Die Tannen in der Tupftechnik in Russischgrün und Weiß tupfen.

❸ Den Schneemann weiß grundieren, die Details malen.

Schneemannform

❶ Die Schneemannform weiß grundieren.

❷ Den Schal in Hellblau, die Nase in Rot, die Knöpfe und den Hut in Schwarz bemalen.

❸ Nach dem Trocknen die Schneemannform mit Klarlack lackieren.

Sonne, Mond und Sterne

❶ Die teilbare Kugel mit Krapplack grundieren. Am besten zweimal, damit die Farbe auf dem glatten Kunststoff gut deckt.

❷ Die Motive vom Vorlagenbogen auf Transparentpapier übertragen, ausschneiden und über die Kugel verteilt anordnen.

❸ Mit goldener Farbe Sonne, Mond und Sterne ausmalen. Bei einzelnen Sternen nur die äußeren Konturen zeichnen.

❹ Die Farbe gut trocknen lassen. Abschließend wird die Kugel mit Klarlack besprüht.

Material

◆ teilbare Kunststoffkugel
◆ Farben:
Krapplack, Gold

Hilfsmittel

◆ Klarlack

Vorlage C

11

Herz und Schaukelpferd

Material
Herz

◆ **Herzform**

◆ **Farben: Rot,
   Weiß**

Material
Schaukelpferd

◆ **Schaukel-
   pferdform**

◆ **Farben:
   Rehbraun,
   Ocker, Schwarz,
   Hellblau, Rot**

Hilfsmittel

◆ **Klarlack**

Herz

❶ Die Herzform in Rot
grundieren.

❷ Mit weißer Farbe einen Licht-
reflex andeuten.

Schaukelpferd

❶ Die Schaukelpferdform mit
Rehbraun grundieren.

❷ Schweif und Mähne mit Ocker
bemalen, den Sattel in Schwarz
und den Zwischenraum in
Hellblau. Die Kufen rot bemalen
und nach dem Trocknen
lackieren.

13

Winterwald und Glocke

Material

Kugel

◆ Glaskugel
◆ Farben:
  Russischgrün,
  Weiß, Umbra,
  Rehbraun

Hilfsmittel

◆ Fön
◆ Marder- und
  Borstenpinsel

Vorlage D

Kugel

❶ Die Schneelandschaft und den Hintergrund mit einem Flachpinsel malen.

❷ Die Bäume können nicht auf die Kugel abgepaust werden. Deswegen von der Vorlage die Motive frei nachmalen.

❸ Die Tanne mit Russischgrün und Weiß auftupfen. Die kahlen Baumstämme und Äste mit dem Marderpinsel fein mit Umbra und Rehbraun von unten nach oben ziehen.

❹ Zwischen den Malschritten kann die Farbe mit dem Fön getrocknet werden.

❺ Abschließend die Gräser und den Schnee in den Astgabeln malen. Die Schneeflocken mit einem Borstenpinsel auftupfen.

Glocke

❶ Die Glocke in Weiß grundieren.

❷ Mit dem Flachpinsel die Form von Rechtecken auf der Glocke verteilt mit Krapplack malen.

❸ Die Schleifen und die Einrahmung der Päckchen mit einem feinen Marderhaarpinsel goldfarben aufbringen. Nach dem Trocknen mit Klarlack überziehen.

Material

Glocke

◆ teilbare Kunst-
  stoffglocke

◆ Krapplack

◆ Klarlack

◆ Farben in Weiß,
  Gold

Hilfsmittel

◆ Flach- und
  Marderhaar-
  pinsel

Vorlage E

Tannenbaum und Kugel in Grünlila

Material

Tannenbaum

◆ Tannenbaum-
  form

◆ Farben:
  Dunkelgrün,
  Gold, Gelb, Rot

Hilfsmittel

◆ Rundpinsel

◆ feiner Rotmar-
  derhaarpinsel

◆ Klarlack

Vorlage F

Tannenbaum

❶ Die Form dunkelgrün grundieren.

❷ Das Motiv auf die Form übertragen und die roten Kugeln mit dem Rotmarderhaarpinsel malen. Ebenso die goldenen Ketten versetzt andeuten.

❸ Mit gelber Farbe die Anhänger versetzt aufmalen. Nach dem Trocknen mit Klarlack überziehen.

Kugel

❶ Die Kugel in Weiß grundieren.

❷ Mit Lila und Olivgrün werden die Flächen naß in naß aneinandergesetzt und teilweise ineinander vermalt.

❸ Mit goldenen Zickzacklinien an verschiedenen Stellen Akzente setzten. Punkte mit einem Rundpinsel und verdünnter Goldfarbe aufspritzen.

❹ Nach dem Trocknen der Farbe wird die Kugel mit Klarlack überzogen.

Material

Kugel

◆ teilbare Kunst-
stoffkugel

◆ Farben:
Weiß, Lila,
Olivgrün, Gold

Hilfsmittel

◆ Rundpinsel

◆ Klarlack

Vorlage G

Weihnachtskugeln mit Schrift

Material

Kugel mit Schleife

◆ teilbare Kunst-
   stoffkugel
◆ wasserfester
   Filzstift in
   Schwarz
◆ Kreidestift
◆ Farben: Weiß,
   Rot, Umbra

Hilfsmittel

◆ Marderhaar-
   pinsel
◆ Borstenpinsel

Vorlage H

Kugel mit gemalter Schleife

1 In die Kugel kann ein kleines, verpacktes Geschenk hineingelegt werden. Deshalb sollte sie nicht verklebt werden.

2 Mit dem Filzstift das Textband zeichnen und mit der roten Farbe bemalen. Die Kontur mit Umbra umrahmen.

3 Den Text mit Kreidestift vor-zeichnen und mit Farbe und dem Marderhaarpinsel nachziehen.

4 In die freien Flächen mit dem Borstenpinsel Schneeflocken in Weiß auftupfen.

Kugel mit Text

1 Auch diese Kugel bleibt unverklebt.

2 Mit einem Flachpinsel Schnee-flocken in goldener Farbe leicht andeuten.

3 Zwischen die Flocken mit dem Stift den Schriftzug "Frohe Weihnachten" schreiben.

Material

Kugel mit Text

◆ teilbare Kunst-
stoffkugel

◆ wasserfester,
lichtechter
Filzstift in
Schwarz
Farbe: Gold

Hilfsmittel

◆ Flachpinsel

Vorlage I

Weihnachtspäckchen und Stern

Material

◆ teilbare, transparente Kunststoffkugel
◆ wasserfester Filzstift in Schwarz
◆ Farben: Mintgrün, Flieder, Gold, Umbra

Hilfsmittel

◆ breiter Flachpinsel
◆ feiner Haarpinsel
◆ Klarlack oder Zaponlack

Vorlage K

Weihnachtspäckchen

❶ Auf die Kugel die Päckchen versetzt mit einem wasserfesten Filzstift vorzeichnen.

❷ Die Päckchen mit dem Flachpinsel in einem Zug in Flieder und Mintgrün bemalen.

❸ Einrahmungen und Schleifen mit Gold bzw. Umbra mit dem feinen Pinsel aufmalen.

❹ Die Kugel mit Lack besprühen. Dabei löst der Lack den Kunststoff an, es entsteht eine weißlich bereifte Fläche.

Stern

❶ Die Sternform in Weiß grundieren.

❷ Einige Flächen unregelmäßig mit dem Flachpinsel goldfarben ausfüllen.

❸ Mit Umbra werden Akzente durch das Ziehen von einzelnen Begrenzungslinien gesetzt. Nach dem Trocknen lackieren.

21

Farbenfrohe Weihnachtskugel

Material

◆ teilbare Kunst-
stoffkugel

◆ Farben:
Weiß, Enzian-
blau, Goldgelb,
Rot, Moosgrün,
Gold

Hilfsmittel

◆ Klarlack

Vorlage S

❶ Die Kugel in Weiß grundieren.

❷ Anschließend wird die Kugel in unregel-mäßige Felder eingeteilt. Diese in Enzianblau, Gold-gelb, Rot und Moosgrün malen, dabei immer die angrenzenden Felder zunächst trocknen lassen.

❸ Beliebig viele stilisierte Tannenbäume in Gold in oder zwischen die Felder setzen.

❹ Zum Abschluß einige Felder teilweise mit Goldfarbe um-rahmen. Punkte und Striche in Gold einsetzten.

❺ Nach dem Trocknen wird die Kugel mit Klarlack überzogen.

Weihnachtsstern und Kerzen

Material

Kugel

◆ teilbare Kunst-
  stoffkugel

◆ Farben:
  Olivgrün, Rot,
  Krapplack,
  Hellgrün,
  Umbra,
  Goldgelb

Hilfsmittel

◆ Flachpinsel

◆ Klarlack

Vorlage Q

Kugel

❶ Die Kugel naß in naß von Olivgrün bis Goldgelb in einem wei-
chen Übergang grundieren.

❷ Das Motiv auf die Kugel übertragen. Den Weihnachtsstern in
Rot und Krapplack aufmalen. In
die Mitte hellgrüne, olivgrüne
und umbrafarbige Punkte setzen.

❸ Als Hintergrund die Blätter
leicht angedeutet in der unteren
Hälfte mit dem Flachpinsel da-
zwischentupfen.

❹ Nach dem Trocknen wird die
Kugel mit Klarlack überzogen.

Tropfenform

❶ Die Tropfenform naß in naß
mit einem Verlauf von Weiß bis
Hellblau grundieren.

❷ Das Motiv auf die Form über-
tragen. Die Kerzen mit Krapplack,
Rot und Goldgelb malen. Die
Dochte in Umbra und die Flam-
men in Goldgelb bis Braun
gestalten. Darauf achten, daß die
Kerzen vorne heller und an den
Seiten dunkler bleiben, damit die
Rundung gut herauskommt.

❸ Nun die Tannen in der Tupftechnik mit zwei Farben auf dem
Pinsel, ebenso die Zweige unter
der Kerze bemalen.

❹ Nach dem Trocknen mit Klarlack überziehen.

Material

Tropfen

◆ Tropfenform

◆ Farben:

　Weiß, Hellblau,

　Krapplack, Rot,

　Goldgelb, Grün,

　Umbra

Hilfsmittel

◆ Klarlack

Vorlage L

Steckkugeln „Eiskristalle"

M a t e r i a l
- **3 teilbare Kunststoffkugeln mit Adapter**
- **Farben: Weiß, Ultramarin**
- **Kreidestift in Weiß**

H i l f s m i t t e l
- **Holzstäbe**
- **feiner Haarpinsel**
- **Klarlack**

V o r l a g e n
M, N, O

❶ Als Steckkugeln werden Rohlinge in verschiedenen Größen mit Adaptern oder auch Kunststoffgartenkugeln verwendet.

❷ Die Kugeln deckend mit Ultramarin grundieren.

❸ Die Farbe trocknen lassen und mit einem weißen Kreidestift die Eiskristalle vorzeichnen.

❹ Mit einem feinen Haarpinsel die großen und mittleren Kristalle gemäß dem Vorlagenbogen auftragen.

❺ Nun von den großen Kristallen bei jedem geraden Pinselstrich nochmals quer mit dem Flachpinsel weiße Farbe auftupfen.

❻ Zum Schluß kleine Schneeflocken in Form von unregelmäßigen weißen Punkten aufmalen. Alle Kugeln mit Klarlack lackieren.

Geschenkidee:
Vier Jahreszeiten

M a t e r i a l

Frühling

◆ **Glaskugel in**
Champagner
oder Kunststoff-
kugel

◆ **Farben:**
Hellblau, Weiß,
Hellgrün, Rosé,
Krapplack,
Goldgelb

V o r l a g e P

Frühling

❶ Alternativ kann eine Kunststoffkugel verwendet werden.
Diese in Hellblau, Weiß und Hellgrün im Verlauf grundieren.
Dabei die Farben gut ineinander
vermalen, so daß ein weicher
Übergang entsteht.

❷ Das Motiv auf die Kugel übertragen. Die Laubbäume mit Hellgrün, Rosé und Weiß tupfen.
Stämme und Äste erst später
dazwischenmalen.

❸ In den Vordergrund Blumen,
Gräser und einige Vögel malen.

Sommer

1 Alternativ kann auch hier eine Kunststoffkugel verwendet werden. Diese in Hellblau, Weiß und Olivgrün im Verlauf grundieren. Dabei die Farben gut ineinander vermalen, so daß ein weicher Übergang entsteht.

2 Das Motiv auf die Kugel übertragen. Die Laubbäume in Olivgrün, Umbra und Goldgelb aufbringen. Äpfel in Krapplack aufmalen.

3 Stämme und Aste mit Umbra und Rehbraun anlegen. Im Hintergrund den Zaun und die Leiter ebenfalls mit Umbra malen.

Material

Sommer

◆ Glaskugel in Hellblau oder Kunststoffkugel

◆ Farben: Hellblau, Weiß, Olivgrün, Umbra, Goldgelb, Krapplack

Hilfsmittel

◆ Borstenpinsel

◆ feiner Haarpinsel

Vorlage R

Herbst

◆ **Glaskugel in Braun oder Kunststoffkugel**

◆ **Farben: Goldgelb, Rehbraun, Umbra, Ocker**

Hilfsmittel

◆ **Borstenpinsel**

◆ **feiner Haarpinsel**

Vorlage T

Herbst

① Das Motiv auf die Kugel übertragen.

② Den Vordergrund und die Wiese mit Goldgelb, Rehbraun und Umbra malen.

③ Die Laubbäume mit dem Borstenpinsel und wenig Farbe auftupfen. Mit Umbra die Schattenseite, mit Rehbraun und Goldgelb die helle Seite gestalten.

④ Die Häuser in Ocker und die Dächer in Umbra anlegen. Abschließend den Drachen, die Gräser und die Vögel aufbringen.

Winter

❶ Das Motiv auf die Kugel übertragen. Die Schneelandschaft in Weiß und Grau malen.

❷ Die Häuser mit verdünntem Umbra, die Schattenseiten mit dunkler Farbe gestalten. Nun die Fenster mit Umbra einzeichnen. Die Dächer wieder mit weißer Farbe bemalen.

❸ Die Tannen in der Tupftechnik mit Weiß und Enzianblau auftupfen. Zum Schluß die Baumstämme, die Gräser und den Weg malen.

Material

Winter

◆ Glaskugel in
  Blau oder
  Kunststoffkugel
◆ Farben:
  Weiß,
  Umbra,
  Enzianblau

Vorlage U

Neben dieser Auswahl aus der Brunnen-Reihe haben wir noch viele andere Bücher im Programm. Wir informieren Sie gerne - fordern Sie einfach unsere neuen Prospekte an:

🟧 **<u>Bücher für Ihre Kinder:</u>** Basteln, Spielen und Lernen mit Kindern
🟧 **<u>Bücher für Ihre Hobbys:</u>** Stoff und Seidenmalerei, Malen und Zeichnen, Keramik, Floristik
🟧 **<u>Bücher zum textilen Handarbeiten:</u>** Sticken, Häkeln und Patchwork

Wir sind für Sie da, wenn Sie Fragen zu AutorInnen, Anleitungen oder Materialien haben. Und wir interessieren uns für Ihre eigenen Ideen und Anregungen. Faxen, schreiben Sie oder rufen Sie uns an. Wir hören gerne von Ihnen! Ihr Christophorus-Verlag

CHRISTOPHORUS
Bücher mit Ideen

Hermann-Herder-Str. 4 / 79104 Freiburg i. Breisgau

Tel: 0761/2717-268 oder Fax: 0761/2717-